Recetas Vegetarianas Fáciles y Económicas

Más de 120 recetas vegetarianas saludables y exquisitas

Diana Baker

Copyright © 2016 Diana Baker
Copyright © 2016 Editorial Imagen.

Córdoba, Argentina
Editorialimagen.com

All rights reserved.
Edición Corregida y Revisada, Marzo 2016
Todos los derechos reservados. Ninguna parte de este libro puede ser reproducida por cualquier medio (incluido electrónico, mecánico u otro, como ser fotocopia, grabación o cualquier sistema de almacenamiento o reproducción de información) sin el permiso escrito del autor, a excepción de porciones breves citadas con fines de revisión.

Todas las imágenes en este libro (portada y fotos interiores) son usadas con permiso de: Christine Rondeau, Tehhen, Onnoth, Adactio, Scarygami, Jules Morgan, wEnDaLicious, Teresa Trimm, Freakapotimus, Richard Winchell, thefoodplace.co.uk, Avlxyz, J.Lastras, Jrsnchzhrs, erecepti.com, Cogdogblog, Rob_rob2, Mª Elena Arcia, Cyc, Bsabarnoul, Ivva, Ned Raggett, Nocive, Xurde, Sklat, houseofthailand.com, Frabisa, MiiaRanta, Kate Hiscock.

CATEGORÍA: Recetas de Cocina
Impreso en los Estados Unidos de América

ISBN-13:
ISBN-10:

ÍNDICE

Introducción 1

Pesos y Medidas 3

Verduras 5

    Métodos de Cocinar las Verduras 7

Recetas 9

    Alcauciles con Salsa de Hongos 11
    Budín de Arvejas 12
    Timbales de Arvejas 13
    Puré de Batatas al Horno 14
    Budín de Maíz 15
    Pastel de Maíz 16
    Maíz Sorpresa 17
    Soufflé de Maíz 18
    Soufflé de Coliflor 19
    Soufflé de Espárragos 20
    Entrada de Espárragos 22
    Filetes Blancos 23
    Soufflé de Espinacas 24
    Humitas en Chala 25
    Manzanas a la Wavell (plato salado) 26
    Ñoquis de Patatas 27
    Patatas Rellenas 29
    Patatas y Tomates a la Cacerola 30
    Patatas Sintéticas 31
    Pimientos Morrones Rellenos 32
    Remolacha con Jugo de Naranja 33

Budín de Repollo 34

Repollo a la Crema 35

Tomates a la Dill 36

Tomates Rellenos al Horno 37

Novedad de Zanahorias 39

Zapallitos Rellenos 40

Huevos 41

Tips para la Cocción de los Huevos 43

Tortilla de Huevo 44

Huevos a la Crema 45

Huevos al Curry 46

Huevos a la Escocesa 47

Huevos Mimosa 48

Huevos Picantes 49

Desayuno Portugués 50

Novedad de Huevo 51

Huevos Revueltos con Salsa de Tomates 52

Huevos a la Villeroy 53

Queso 55

Boston Rarebit 57

Bocadillos de Queso 59

Queso Sorpresa 60

Budín de Queso 61

Canapés de Queso 62

Soufflé de Queso 63

Arroz 65

Para Cocinar el Arroz 67

Otro Método Más Fácil para Cocinar Arroz 68

Delicia de Arroz 69

Especial de Arroz 70

Ensaladas 71

Tips para la Preparación de la Ensalada 73
Áspic de Ensalada 74
Ensalada Criolla 75
Ensalada de Dátiles con Queso de Crema 76
Ensalada de Patatas 77
Ensalada de Patatas a la Criolla 78
Ensalada de Repollo 79
Ensalada Rusa 80

Aderezos 83

Un Sencillo Aderezo para Ensalada 85
Aderezo 86
Aderezo Fácil para Ensalada 87
Aderezo para Ensalada 88
Aderezo para Ensalada – II 90
Aderezo Sabroso 91
Aderezo Cocido para Ensalada 92
Aderezo Francés para Ensalada 93

Mayonesas 95

Mayonesa 97
Mayonesa Rápida 98
Mayonesa Porteña 99
Mayonesa Sintética - para conservar 100

Salsas 101

Salsa Worcestershire 103
Receta Básica de Salsa Blanca 103
Salsa Tártara 104

Salsa de Curry 105

Salsa de Tomates - para conservar 106

Salsa de Tomate II - para conservar 107

Salsa de Tomates III - para conservar 108

Pickles - Encurtidos...109

Pickles Picalilli 111

Pickles de Cebollitas 112

Pickles de Ciruelas 113

Pickles de Duraznos 114

Pickles de Duraznos a la Hudson 115

Cómo Conservar los Hongos 116

Pickles Surtidos con Mostaza 117

Pickles de Nueces 118

Pickles de Repollo Blanco 119

Pickles de Repollo Colorado 120

Pickles de Tomates Verdes y Cebollas 121

Pickles de Tomates Verdes 122

Pickles de Zapallo 123

Chutneys – Conservas Agridulce....................................125

Chutney de Damasco 127

Chutney de Durazno...128

Chutney de Manzana 129

Chutney Tipo Mango 130

Chutney de Tomates Verdes 131

Chutney de Tomates Maduros 132

Chutney de Tomates y Ajíes Verdes 133

Chutney de Tomate y Repollo 134

Sándwiches 135

El Arte de Preparar Sándwiches 137

    Mantequilla de Anchoas 138
    Sándwiches de Apio 139
    Un Relleno Sabroso 140
    Relleno para Sándwich 141
    Sándwiches de Huevo 142
    Sándwiches de Tomate 143
    Mantequilla Verde para Sándwiches 144
    Sándwiches Calientes 145
    Sándwiches Calientes – II 146
    Sándwich con Pasta de Sardinas 147
    Sándwich Sorpresa 148
    Otras Variedades de Sándwiches 149

Aperitivos 151

    Para Hacer un Aperitivo 153
    Almendras Saladas 154
    Apio a la Americana 155
    Bizcochos para Cocktail 156
    Bombas de Crema de Anchoa 157
    Palitos de Queso y Apio 159
    Palitos de Queso 160
    Palitos de Queso y Sémola 161
    Huevos Rellenos 162
    Canapés de Salmón 163

Más Libros de Interés 165

Introducción

Bienvenido a este recetario vegetariano - una serie de platos sin carne ni pescados, y dándoles una variedad de recetas de Verduras – Huevos – Queso – Arroz – Ensaladas – Aderezos – Mayonesas – Salsas – Pickles – Chutneys – Sándwiches y Aperitivos. Muchas recetas son de origen inglés.

Hoy en día el tiempo apremia para todos, sea que trabajes fuera de casa o eres una madre en casa con hijos. Todos sentimos que tenemos poco tiempo. Nuestra mucha actividad diaria hace que busquemos elaborar los platos lo más rápidamente posible Esto exige que los ingredientes sean pocos y fáciles de conseguir. Por ello he escogido recetas sencillas y fáciles de realizar. También encontrarás que los ingredientes son nada complicados.

Seguramente, con la variedad de recetas presentadas, muchas de ellas llegarán a ser tus favoritas. Espero que disfrutes este libro y el tiempo que pasas en la cocina sea como una aventura para realizar un plato diferente y delicioso cada día.

Pesos y Medidas

Todas las medidas son al ras, si no se especifica lo contrario. Cuando se indica una taza quiere decir una taza de ¼ litro de capacidad.

Las medidas para harina, en tazas y cucharas, corresponden a harina de repostería. El peso de harina varía según su calidad, por lo tanto si usas harina común se debe emplear menos cantidad.

1 cucharadita equivale a 5 g o 60 gotas

1 cucharada de postre a 10 g o 2 cucharaditas

1 cucharada equivale a 15 g o 3 cucharaditas

1 vaso de vino equivale a 100 g o 4 cucharadas

1 taza equivale a ¼ litro o 16 cucharadas

Equivalencias aproximadas:

3½ tazas de harina equivalen a......... .500 g

2 tazas colmadas de arroz................... 500 g

2 tazas de azúcar................................. 500 g

2½ tazas de azúcar morena............... 500 g

2 tazas de pan rallado.........................250 g

2 tazas de nueces picadas.................... 250 g

1 taza de mantequilla o mantequilla .. 125 g

1 taza pasas sin semillas...................... 250 g

1 taza pasas sultanas etc...................... 250 g

29 g harina equivalen a............... 4 cucharadas escasas

29 g azúcar molida...................... 1 cucharada escasa

29 g arroz.................................... 1 cucharada escasa

29 g mantequilla o grasa............. 1 cucharada escasa

Verduras

Métodos de Cocinar las Verduras

Las legumbres que crecen sobre la tierra se cuecen destapadas, mientras que aquellas que crecen en la tierra se cuecen tapadas.

Las verduras deben conservar en lo posible, su color y forma.

- **El repollo, el coliflor y las chauchas (judías verdes)** deben echarse en abundante agua hirviendo salada y cocinar destapadas durante unos 25 minutos.

- **Espinacas:** Lavarlas bien y cocinarlas sin agua, pues es suficiente la que queda en las hojas al lavarlas. Hervir de 10 a 15 minutos. Las espinacas quedan muy sabrosas si se sirven bien escurridas y se doran en mantequilla o aceite, y cubiertas con huevo duro picado.

- **Repollitos de Bruselas:** Cocinar lo mismo que para el repollo, pero hervirlos sólo 15 o 20 minutos.

- **Arvejas (guisantes):** Poner azúcar en vez de sal en el agua en que se cocinan, deben conservar su color y sabor dulce. Cocinar por 10 minutos. Si se agrega una ramita de menta, le da un sabor muy agradable.

- **Espárragos:** Raspar y emparejar. Echar en agua hirviendo y cocinar por 25 o 30 minutos, hasta que estén tiernos.

- **Remolachas:** Echar en agua hirviendo y cocinar durante una hora si son chicas o 1½ a 2 horas si son grandes.

- **Hojas de remolacha:** Echa en agua hirviendo y cocinar 20 minutos.

- **Nabos**: Echar en agua hirviendo y cocinar 25 a 35 minutos.

- **Hojas de nabos:** Echar en agua hirviendo y cocinar 30 minutos.

- **Zanahorias:** Cocinar en muy poca agua de 15 a 25 minutos.

- **Papas (patatas):** Medianas, hervirlas 25 minutos y al horno durante 40 minutos.

- **Patata dulce (batata):** Hervir durante 25 minutos y al horno por 40 minutos.

- **Habas:** Hervir por 20 minutos. Cuando las habas son tiernas se pueden usar las cáscaras de la siguiente manera: Sacar los hilos de los costados y hervir hasta que estén tiernas. Escurrirlos, agregar un trocito de mantequilla, sal y pimienta y pisarlas bien. Servir bien caliente.

- **Alcauciles (alcachofas):** Deben frotarse con un pedazo de limón antes de cocinarlos, para que conserven buen color, echar en agua hirviendo y cocinar 35 minutos. Para cocinar los fondos solamente, 20 minutos. Servir con mantequilla derretida y vinagre.

Recetas

Alcauciles con Salsa de Hongos

½ kilo de hongos
1 lata de alcauciles
½ litro de salsa blanca

Escurrir los alcauciles y acomodarlos en una fuente.

Verter encima la salsa a la que se habrá agregado los hongos previamente fritos en aceite de olivo por 15 minutos.

Cuando no hay hongos frescos puede usarse hongo de lata o secos. Los hongos secos deben remojarse en agua fría hasta que estén lo suficientemente blandos como para poderse picar.

Salsa Blanca

2 cucharadas harina
2 cucharadas de mantequilla
2 tazas de leche
Sal y pimienta al gusto

Derretir la mantequilla y agregar la harina revolviendo hasta que no tenga grumos.

Retirar del fuego y agregar gradualmente la leche.

Hervir unos minutos a fuego lento y luego servir.

Budín de Arvejas

½ kilo de arvejas (guisantes) partidas
1 cebolla picada
50 g mantequilla
Una pizca de alguna hierba de olor
Sal y pimienta

Lavar bien y remojar las arvejas desde la noche anterior, atarlas junto con la cebolla en una bolsa de muselina; ponerlas en una cacerola de agua fría y dejarlas hervir durante 3 horas.

Poner entonces las arvejas en un tazón, agregarles la mantequilla, la hierba, sal y pimienta y mezclar bien.

Se pueden servir caliente o dejar enfriar y luego envolver en una servilleta enharinada y cocinar al baño María por una hora más. Luego se corta en rebanadas.

Timbales de Arvejas

1 lata de arvejas (guisantes)
1 taza de pan rallado
2 huevos
¾ taza de leche
2 cucharadas de mantequilla o grasa
2 cucharadas de perejil picado

Derretir la mantequilla en una sartén, agregar el pan rallado y leche y dejar cocinar lentamente por 5 minutos revolviendo continuamente.

Agregar mientras se revuelve las arvejas escurridas, perejil y huevos ligeramente batidos.

Poner en moldecitos individuales, colocarlos en una asadera de agua hirviendo y cocinar en el horno por 20 minutos.

Servir con salsa de queso.

Puré de Batatas al Horno

2 tazas de puré de batatas
½ cucharadita de mantequilla
1 huevo
½ cucharadita de sal
¼ taza de crema o leche gorda
1 cucharada de azúcar moreno

Cocinar las batatas y pisar para hacer un puré hasta que no tengan grumos, agregar la mantequilla, el azúcar, la sal y el huevo bien batido y la crema.

Batir hasta que esté bien mezclado. Acomodar en una fuente de horno engrasada.

Cocinar en horno caliente de 20 a 30 minutos. Este plato es muy sustancioso y puede servirse con ensalada de lechuga.

Budín de Maíz

1½ taza de maíz (choclo) rallado
2 huevos batidos
1 taza de leche
1 cucharada de mantequilla
Sal y pimienta

Mezclar bien todos los ingredientes, luego poner en una fuente para horno y hornear durante 30 minutos.

Pastel de Maíz

100 g mantequilla
½ taza de aceite
2 cebollas cortadas finalmente
1 tomate pelado y picado
1 ají picado
18 mazorcas de maíz (choclos) rallados
1 cucharadita de azúcar
¼ kilo carnaza de ternera picada
2 yemas
2 huevos duros picados
100 g pasas de uvas
Algunas aceitunas verdes picadas
Sal y pimienta

Poner en una sartén 50 g de la mantequilla y ¼ taza de aceite y dorar en ello la cebolla. Agregar el tomate y ají. Dejar cocinar un momento y luego agregar los choclos rallados, la sal, pimienta, el azúcar y yemas. Revolver todo muy bien y cocinar un poco.

Aparte preparar un relleno: poner en una sartén 50 g de mantequilla, ¼ taza de aceite, dorar una cebolla; agregar ½ ají y ¼ kilo de carnaza de ternera picada.

Dejarla cocinar un poco y agregarle las aceitunas, las pasas de uvas y los huevos duros.

Condimentar y retirar del fuego.

Engrasar una fuente de horno, acomodar en el fondo una parte de la primera preparación, encima el relleno y cubrir con la otra parte del choclo, rociarlo con un poco de mantequilla y ponerlo a cocinar en horno regular.

Maíz Sorpresa

2 cucharadas de mantequilla
6 mazorcas de maíz (choclo) grandes
1 huevo duro
Un poco de pasas
Sal y azúcar al gusto

Se pone en una olla la mantequilla, y el choclo rallado y se cuece lentamente revolviendo todo el tiempo.

Cuando esté cocido se le pone sal y azúcar al gusto.

Enseguida se arregla en una fuente de barro esta mezcla, después rebanadas de huevo duro, encima el choclo cocido y por último se le espolvorea con azúcar y se pone a dorar en el horno.

Soufflé de Maíz

10 mazorcas de maíz (choclos) rallados
1 taza de salsa blanca espesa
5 huevos
250 g mantequilla
Sal, pimienta y nuez moscada

Calentar la mantequilla en una sartén, agregar los choclos y dejar cocinar y tapados, a fuego lento por un momento.

Retirar del fuego y dejar enfriar. Agregarle la salsa blanca, las yemas, la sal, pimienta, la nuez moscada y por último, las claras batidas a nieve.

Cocinar en molde de vidrio engrasado en horno moderado durante 50 minutos.

Salsa Blanca

2 cucharadas harina
2 cucharadas de mantequilla
2 tazas de leche
Sal y pimienta al gusto

Derretir la mantequilla y agregar la harina revolviendo hasta que no tenga grumos.

Retirar del fuego y agregar gradualmente la leche.

Hervir unos minutos a fuego lento y luego servir.

Soufflé de Coliflor

1 coliflor
1 taza salsa blanca, espesa
Un poco de queso rallado
3 yemas
Sal y pimienta

Hervir la coliflor y cuando esté cocida, escurrirla y deshacerlo bien.

Por separado se prepara la salsa blanca; echarla sobre la coliflor junto con el queso rallado, las 3 yemas, la sal y pimienta; mezclar bien.

Agregar después las claras batidas a nieve y poner al horno hasta que se forme.

Una variación:

Proceder de la misma manera pero sin agregar los huevos y el queso.

Soufflé de Espárragos

¼ litro de espárragos cocidos
2 cucharadas de mantequilla
¼ litro de leche
3 cucharadas de harina
4 huevos
Sal y pimienta al gusto

Cortar en trozos los espárragos y cocinar lentamente con la leche, entonces pasarlos por un cedazo. Derretir en una cacerola la mantequilla y agregarle la harina.

Cuando esté espumoso agregarle la leche de los espárragos, revolviendo hasta que hierva.

Sazonar con sal y pimienta y retirar del fuego. Batir separadamente las claras a nieve y las yemas hasta que tomen color de miel.

Dejar enfriar un poco la primera preparación y agregarle las yemas. Dejar enfriar un poco más y agregar las claras.

Cocinar 25 minutos en horno moderado y servir enseguida.

Entrada de Espárragos

Espárragos
4 cucharadas kétchup
Mayonesa

Agregar el kétchup a la mayonesa.

Mezclar con puntas de espárragos y servir frío en vasos.

Filetes Blancos

3 cucharadas de sémola
1 cucharada de postre de cebolla
1 cucharada de postre de mantequilla
3 o 4 patatas hervidas
1 taza leche
1 huevo batido y pan rallado
Sal y pimienta al gusto

Poner al fuego en una cacerola la leche y sémola, revolver hasta que hierva, agregar la cebolla y mantequilla y dejar hervir lentamente.

Retirar del fuego, agregar suficientes papas pisadas para espesar la masa y ponerla en una tabla enharinada dándole ½ cm de grosor.

Cortar en trocitos, pasar por huevo batido y pan rallado y freír en abundante grasa hasta que estén bien dorados.

Servir con salsa blanca con perejil picado.

Soufflé de Espinacas

10 atados de espinacas
1 taza de salsa blanca espesa
4 yemas
5 claras batidas a nieve
Sal, pimienta, nuez moscada

Lavar bien las espinacas (tres aguas) y cocinarlas en agua y sal. Luego escurrir y exprimir bien. Después picar.

Agregar la salsa blanca, los condimentos, las yemas y mezclar bien.

Agregar las claras y cocinar en un molde de vidrio engrasado en horno moderado por 45 minutos.

Salsa Blanca

2 cucharadas harina
2 cucharadas de mantequilla
2 tazas de leche
Sal y pimienta al gusto

Derretir la mantequilla y agregar la harina revolviendo hasta que no tenga grumos.

Retirar del fuego y agregar gradualmente la leche.

Hervir unos minutos a fuego lento y luego servir.

Humitas en Chala

2 cucharadas de grasa
2 cebollas picadas 2 tomates picados
2 ajíes picados
24 choclos (maíz) rallados
1 cucharada de azúcar
1½ tazas aproximadamente de leche
Canela, pimentón, sal y pimienta al gusto

Freír las cebollas, los tomates y ajíes, agregarles pimienta, sal y pimentón.

Mezclar los choclos con la leche, azúcar y canela – mezclar todo bien.

Colocar 2 hojas del choclo en sentido opuesto y poner en el centro una cucharada de la pasta, doblar y atar con hilo de la misma chala y cocinar durante 2 horas con mucha agua.

Para servirlas, se escurre el agua y se presenta a la mesa en sus hojas.

Manzanas a la Wavell (plato salado)

1 cebolla
1 cucharada de harina
1 cucharada de postre de curry (o menos si prefiere menos picante)
Caldo
4 cucharadas de arroz
5 o 6 manzanas grandes

Picar y freír la cebolla, agregar la harina y el curry; freír por unos minutos. Agregar el caldo para dar a la salsa la consistencia necesaria; hacer hervir y sazonar al gusto.

Hervir por 15 minutos el arroz, escurrir y unirlo con la salsa.

Cortar la parte superior de las manzanas de modo que sirvan luego como tapas.

Sacar la parte dura del centro de las manzanas y un poco de la pulpa. Picar la pulpa y mezclarla con el arroz y salsa.

Rellenas las manzanas con esta mezcla y luego cubrirlas con las tapas. Cocinar en horno moderado de 25 a 35 minutos, según el tamaño de las manzanas.

Ñoquis de Patatas

1 kilo de patatas peladas
250 g harina
Un poco de sal

Cocinar las patatas en agua y sal, escurrir bien.

Hacer un puré de las patatas y agregar la harina, formando una masa lisa.

Hacer con la masa unas tiras, redondearlas sobre una mesa enharinada, cortar en trocitos de unos 2½ cms y formar los ñoquis con un tenedor.

Cocinar en abundante agua con sal, hirviendo, y cuando todos suben a la superficie, colarlos.

Los ñoquis se cocinan muy rápidamente. Servir con salsa de carne o con crema y queso rallado.

Patatas Rellenas

Patatas
1 huevo
Unas gotas de aceite

Se cuecen unas patatas y se dejan secar. Mientras estén calientes se pasan por una moledora de patatas para hacer un puré. Se agrega unas gotas de aceite y el huevo. Se bate bien.

Para el relleno:

1 cebolla
Carne picada (opcional)
1 huevo duro
Aceitunas verdes picadas
Pasas de uvas
1 pimiento picado

Preparar un relleno con los ingredientes. Sazonar bien.

Luego se espolvorea bien la palma de la mano con harina. Se pone una cucharada de la patata preparada, se aplana bien, y en el centro se pone una cucharada del relleno.

Se tapa con la patata y se forman croquetas ovaladas.

Enharinar las croquetas y luego freír en grasa o aceite caliente. Freír sólo unos pocos a la vez.

Patatas y Tomates a la Cacerola

3 cucharadas de mantequilla
3 cucharadas de harina
1½ taza de jugo de tomate
1 cucharadita de sal
1/4 cucharadita de salsa Lea &Perrins (salsa inglesa, o salsa Worcestershire – ver receta)
¼ taza de ají picado
¼ taza de cebolla picada
3 tazas de patatas hervidas cortadas en dados
1 taza de salchichas
1/2 taza de pan con mantequilla rallado

Derretir la mantequilla, mezclar la harina, agregar el jugo de tomate y cocinar revolviendo continuamente hasta que se espese.

Agregar sal, la salsa inglesa, ají y cebolla.

Acomodar en una cacerola de barro en camadas alternadas, las patatas y salchichas con salsa de tomate por el medio, terminando arriba con salchichas.

Espolvorear con pan rallado y cocinar en horno moderado por 35 minutos.

Suficiente para 6 porciones.

Patatas Sintéticas

Agua
Sémola
Sal
Grasa

Poner en una cacerola 2 litros de agua con una cucharadita de sal. Cuando hierva, agregar sémola hasta que se espese tanto, que resulte duro para revolver. Seguir revolviendo hasta que esté más o menos cocido.

Verter en una asadera y dejar hasta que se forme bien y esté casi frío.

Cortar entonces en rebanadas de la mitad del tamaño de un paquete de cigarrillos, dorarlos en abundante grasa y dejarlos escurrir sobre un papel blanco, absorbente.

Esta receta hace un buen sustituto para las papas y es muy nutritiva.

Pimientos Morrones Rellenos

Pimientos morrones
Pan negro rallado
Cebolla picada y frita
Nueces picadas

Sancochar los pimientos y quitarles las semillas.

Rellenar con el pan rallado, la cebolla y nueces picadas.

Poner los pimientos en una asadera con mantequilla y cocinar bien en horno.

Servir con patatas.

Remolacha con Jugo de Naranja

Remolacha
Mantequilla
Jugo de naranja, además, la ralladura y la cáscara

Cocinar la remolacha en agua y sal hasta que esté tierna. Pelar y cortar finamente.

Poner en una cacerola con un poco de mantequilla y jugo de naranja.

Cocinar lentamente por 10 minutos.

Servir bien caliente, espolvorearla con ralladura de cáscara de naranja.

Budín de Repollo

1 repollo
1 taza de pan rallado
2 huevos bien batidos
Sal y pimienta

Hervir el repollo.

Luego exprimirle bien el agua y picarlo.

Agregar el pan rallado, los huevos y la sal y pimienta.

Poner en una budinera engrasada y cocinar al baño María durante 1½ horas.

Repollo a la Crema

Hervir 1 repollo hasta que esté tierno (unos 15 minutos), dejar enfriar y picarlo finamente.

Agregar:

2 huevos batidos
2 cucharadas de mantequilla
3 cucharadas de crema
 Sal y pimienta

Mezclar bien y poner en una fuente para horno engrasada.

Hornear hasta que se dore.

Tomates a la Dill

2 huevos duros
5 o 6 tomates redondos, grandes
Un poco de panceta frita o un poco de pan con mantequilla
Condimento
1 taza de salsa blanca

Picar los huevos duros.

Hacer una taza de salsa blanca.

Cortar una tapita a los tomates. Quitarles parte de la pulpa y agregar a la salsa blanca, así como los huevos picados, sazonando bien.

Rellenar los tomates con esta preparación, poniendo arriba un trocito de panceta frita, cortado en dados o un poco de pan rallado y un trozo de mantequilla.

Colocar en un molde de vidrio, sobre tostadas y cocinar al horno por unos 20 minutos, cuidando de retirarlo antes que se rompan los tomates.

Salsa Blanca:

2 cucharadas harina
2 cucharadas de mantequilla
2 tazas de leche
Sal y pimienta al gusto

Derretir la mantequilla y agregar la harina revolviendo hasta que no tenga grumos. Retirar del fuego y agregar gradualmente la leche.

Hervir unos minutos a fuego lento y luego servir.

Tomates Rellenos al Horno

6 tomates
1 taza de salsa blanca
1 yema
1 taza de cebolla y también pimiento, picados y cocinados
500 g de puré de patatas
Un poco de mantequilla
Sal, pimienta y nuez moscada

Cortar la parte de arriba de los tomates para hacer una tapa. Quitar la mayor parte de pulpa, condimentar con sal y pimienta y darles escurrir boca abajo sobre una rejilla.

Para el relleno, mezclar bien la salsa blanca, la yema y verdura cocinada con sal, pimienta y nuez moscada.

También se puede usar la pulpa. Rellenar los tomates con esta preparación.

Hacer un puré con las patatas y un poco de mantequilla. Colocarlo en una fuente para horno, colocar encima los tomates y adornar cada tomate con un copete de puré.

Poner la fuente al horno hasta que se calienten muy bien los tomates. Servir con arvejas saltadas en mantequilla.

Novedad de Zanahorias

Hervir las zanahorias hasta que estén tiernas.

Cortar en círculos y echar en salsa blanca.

Condimentar bien.

Salsa Blanca:

2 cucharadas harina
2 cucharadas de mantequilla
2 tazas de leche
Sal y pimienta al gusto

Derretir la mantequilla y agregar la harina revolviendo hasta que no tenga grumos.

Retirar del fuego y agregar gradualmente la leche.

Hervir unos minutos a fuego lento y luego servir.

Zapallitos Rellenos

6 zapallitos
1 cebolla
100 g jamón crudo
1 taza de migas de pan remojado en un poco de leche.
1 cucharada de perejil picado
1 huevo
Sal y pimienta

Hervir por 20 minutos en agua salada, 6 zapallitos. Escurrir y dejar enfriar.

Picar la cebolla y dorarla en mantequilla.

Cortar los zapallitos por la mitad, quitarles la pulpa, escurrirla un poco y picarla con el jamón crudo, las migas de pan; agregar el perejil, sal, pimienta y el huevo para unir.

Rellenar los zapallitos con esta preparación y cubrirlos con pan con mantequilla rallado.

Engrasar una asadera y poner en ella los zapallitos.

Cocinar en horno moderado durante 30 minutos.

Huevos

Tips para la Cocción de los Huevos

-Los huevos deben cocinarse a temperatura suave.

-Nunca debe freírse una tortilla o huevos a fuego muy vivo.

Con excepción de los huevos poché, que se cocinan de la siguiente manera:

Huevos Poché

Poner a hervir, en una cacerolita, agua con un poco de sal y una cucharadita de vinagre.

Cuando hierve fuerte, echar los huevos. Dejar aproximadamente un minuto.

Retirar con una espumadera y depositar sobre una servilleta para escurrir bien.

Tortilla de Huevo

Batir los huevos bien. Agregar un poco de cebolla finamente cortada y perejil, sal y pimienta y justo antes de freír agregar una cucharada de agua.

El secreto de hacer una buena tortilla está en usar agua para unir los huevos y no leche y también de cocinar lentamente en una sartén limpia con mantequilla.

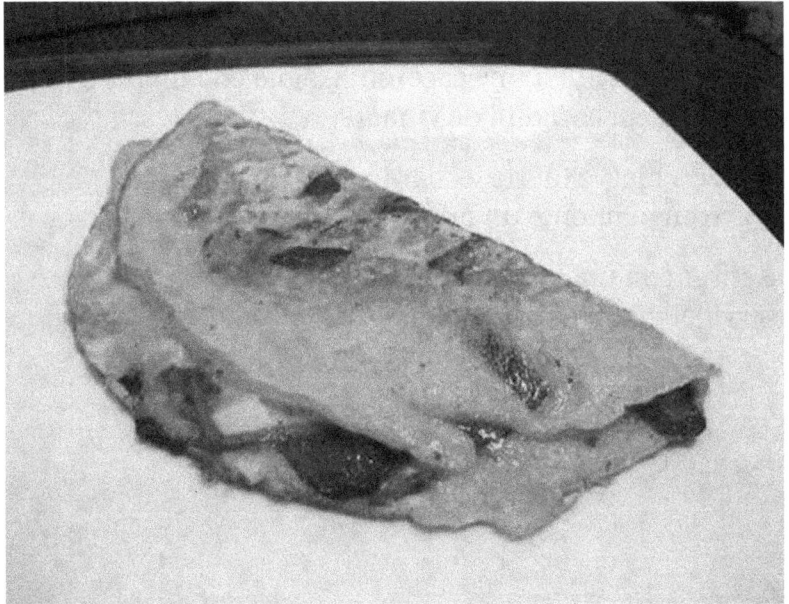

Huevos a la Crema

Huevos
Crema o leche
Queso rallado
Sal y pimienta

Engrasar moldecitos individuales o un molde grande de vidrio. Poner un poquito de crema de leche, romper encima un huevo.

Sazonar con la sal y pimienta y espolvorear con queso rallado.

Cocinar en horno caliente hasta que los huevos estén firmes.

Huevos al Curry

3 huevos duros
2 cucharadas de mantequilla
2 cucharadas de harina
¼ cucharadita de sal
1 cucharadita de polvo curry
1/3 cucharadita de pimienta
1 taza de leche caliente

Derretir la mantequilla, agregar la harina, condimentos y gradualmente la leche caliente.

Cortar los huevos en 8 porciones, a lo largo y volver a calentar en la salsa.

Huevos a la Escocesa

3 huevos
250 g de salchichas
Un poco de harina y pan rallado
Hervir 3 huevos por 10 minutos; pelarlos y ponerlos en una taza de agua fría.

Quitar la piel a las salchichas.

Pasar los huevos por harina y cubrirlos con la carne de las salchichas, pintarlos con huevo batido.

Pasar por pan rallado y freírlos dorándolos bien.

Servir partidos, sobre rebanadas de pan tostado o frito.

Si se prefiere, se pueden servir fríos, o rodeados de berro.

Huevos Mimosa

6 huevos duros
1 taza jamón cocido

Cortar los huevos duros por la mitad a lo largo, sacarle la yema y rellenar las claras con el jamón.

Poner los huevos en una fuente sobre hojas de lechuga.

Cubrir con mayonesa y decorar con las yemas pasadas por cedazo.

Huevos Picantes

Arroz hervido
Huevos poché
Perejil picado

Colocar en una fuente, el arroz hervido y encima huevos poché, tantos como se desea servir.

Espolvorear con perejil picado y verter encima la salsa:

Salsa:

2 cebollas picadas
28 g mantequilla
Un poco de chutney (conserva agridulce)
1 tomate grande
1 hoja de laurel
1 cucharada polvo curry
Un poco de crema o leche
Un poco de harina para espesar

Mezclar los ingredientes.

Hervir durante media hora y agregar al final el jugo de ½ limón.

Desayuno Portugués

3 tomates sin piel
1 ají colorado y 1 verde
1 cucharada de postre de azúcar
1 hoja de laurel
2 o 3 clavos de olor
½ taza de agua
Sal al gusto

Mezclar todos los ingredientes y cocinar lentamente hasta que estén tiernos.

Luego espesar con galleta rallada o con huevos batidos.

Presentar sobre tostadas calientes con mantequilla.

Novedad de Huevo

115 g de jamón cocido, picado
4 huevos
½ cucharadita de jugo de limón
Un poco de pan duro
Salsa inglesa Worcestershire (ver receta) al gusto

Cortar unas rebanadas de pan de unos 5 cms de grosor y hacer un hueco en el centro. Freír en grasa caliente hasta que se doren.

Calentar el jamón en la salsa y jugo de limón y poner en los huecos del pan.

Cocinar los huevos poché. (Poner a hervir, en una cacerolita, agua con un poco de sal y una cucharadita de vinagre. Cuando hierve fuerte, echar los huevos. Dejar aproximadamente un minuto. Retirar con una espumadera y depositar sobre una servilleta para escurrir bien.)

Colocar sobre rebanadas de pan.

Espolvorear con perejil picado y servir bien caliente.

Huevos Revueltos con Salsa de Tomates

6 huevos
1¾ taza de tomates
2 cucharaditas de azúcar
4 cucharaditas de mantequilla
1 cebolla cortada
Sal y pimienta al gusto

Cocinar lentamente por 5 minutos los tomates y azúcar.

Freír la cebolla con la mantequilla por 3 minutos, retirar la cebolla y agregar los tomates, sal y pimienta y los huevos ligeramente batidos.

Cocinar hasta que los huevos se cuajen y servir sobre tostadas con mantequilla calientes. Se puede usar pan negro y blanco.

Huevos a la Villeroy

7 huevos y 2 yemas
100 g de pan rallado
100 g de mantequilla
½ litro de leche
2 cucharadas de harina
1 lata de arvejas (guisantes)
Unas zanahorias
Sal, pimienta y nuez moscada

Cocinar durante 12 minutos, 6 huevos, pelarlos y pasarlos por agua fría.

Preparar una salsa blanca con 40 g de mantequilla, la harina y la leche, condimentarla y agregarle 2 yemas.

Pasar por esta salsa caliente los huevos, uno por uno, y acomodarlos encima del pan rallado y dejarlos enfriar.

Cuando fríos, pasarlos por huevo batido, después en pan rallado y freírlos en aceite bien caliente con la ayuda de una canasta de freír.

Servir calientes, acompañados con arvejas y zanahorias saltadas en mantequilla.

Queso

Boston Rarebit

Unos canapés de queso, deliciosos y calientes.

1 taza de queso rallado
1 cucharada de mantequilla
2 huevos batidos
1 cucharadas de leche
1 cucharadita de salsa Worcestershire (ver receta)
2 cucharaditas de chutney (conserva agridulce) picado
2 cucharaditas de pasta de anchoas
Condimentar al gusto
Tostadas engrasadas

Preparar tostadas calientes, darles buena forma, untarlas con mantequilla y después con la pasta de anchoa.

Calentar la leche en una cacerolita sobre fuego suave.

Agregar el queso y la salsa Worcestershire y revolver hasta que el queso esté casi derretido.

Agregar, entonces, el chutney y los huevos batidos.

Batir sobre fuego suave, hasta que se ponga cremosa y empieza a espesarse.

Sazonar y poner sobre las tostadas.

Espolvorear con perejil picado y servir enseguida.

Bocadillos de Queso

85 g de pan rallado
1 taza de leche
60 g de queso parmesano rallado
30 g mantequilla
2 yemas
Sal y pimienta

Poner en un tazón el pan rallado. Hervir la leche y verter sobre el pan rallado.

Agregar el queso, la mantequilla, las yemas y condimento.

Mezclar bien y freír de a cucharadas en grasa caliente.

Servir apilados en una fuente.

Queso Sorpresa

1 taza de pan rallado
1 taza de leche
1 taza de queso rallado
1 huevo
Sal y pimienta

Remojar el pan rallado en la leche.

Agregar el queso y el huevo. Batir bien con un tenedor.

Agregar la sal y pimienta.

Cocinar en horno moderado por media hora.

Budín de Queso

2 huevos
½ litro de leche
Pan cortado fino y untado con mantequilla
Queso rallado
Condimentar al gusto

Engrasar un molde para pastel y poner en él capas de pan y queso rallado.

Batir los huevos y agregar la leche, condimentar y verter en el molde sobre el pan.

Dejar reposar por ½ hora y después cocinar por 30 minutos en horno moderado.

Canapés de Queso

4 cucharadas de leche
1 cucharada de postre de mantequilla
Sal, pimienta, mostaza
3 cucharadas queso rallado
1 cucharada pan rallado

Poner la leche, la mantequilla y los condimentos en una cacerolita y calentar.

Agregar el queso rallado y dejar cocinar lentamente por 2 o 3 minutos.

Agregar el pan rallado y dejar espesar.

Si se espesa demasiado se le agrega un poco de leche.

Servir sobre tostadas.

Soufflé de Queso

1¾ tazas de salsa blanca
4 cucharadas de queso rallado
5 huevos
Sal, pimienta y nuez moscada al gusto

Preparar una salsa blanca, espesa y dejarla enfriar un poco.

Agregar el queso, las yemas y condimentar. Mezclar todo bien.

Agregar por último las claras batidas a nieve.

Cocinar en un molde de vidrio engrasado, en horno moderado de 40 a 50 minutos.

Arroz

Para Cocinar el Arroz

Hervir en abundante agua en la mínima proporción de 4 litros de agua por ¼ kilo de arroz.

Lavar el arroz en agua fría, echar en agua hirviendo salada, sin que deje de hervir.

Cocinar por 10 minutos a fuego fuerte y con la cacerola tapada. El arroz no debe estar completamente cocido.

Entonces colar, volver a la cacerola sin tapar para que se seque y servir.

Para Cocinar Arroz a la Manera de la India

6 tazas de agua
1 taza de arroz

Lavar el arroz en 2 o 3 aguas.

Echar el arroz en agua hirviendo con sal, dejándolo resbalar gradualmente.

Hervir rápidamente y revolviendo continuamente hasta que esté tierno.

Colar y enjuagar debajo de la canilla dejando correr el agua.

Verter encima unas gotas de limón y volver a calentar en el horno.

Otro Método Más Fácil para Cocinar Arroz

Para que el arroz quede separado al hervir, debe remojarse previamente en agua fría por 24 horas y hervir rápidamente unos minutos hasta que esté tierno.

Delicia de Arroz

250 g arroz
1 cebolla picada
4 cucharadas de queso rallado
2 cucharadas de hongos picados
4 cucharadas de mantequilla
½ dedal de azafrán
Caldo hirviendo

Dorar la cebolla en la mantequilla, agregar el arroz y freír por un momento más.

Agregarle gradualmente caldo y dejar cocinar por 10 minutos.

Echar entonces los hongos y el queso, cocinar moviendo la cacerola par que no se peque.

Si fuera necesario se le agrega más caldo, pero no demasiado, porque el arroz debe quedar más bien seco.

Cuando está casi cocido se le agrega el azafrán disuelto en un poquito de caldo.

Especial de Arroz

1 taza de arroz
1½ taza de leche hirviendo
Sal y pimienta,
2 cucharadas mantequilla
2 cucharadas de queso rallado
1 huevo bien batido

Poner una cacerola al fuego con agua y bastante sal. Cuando hierva, echar el arroz y cuando esté medio cocido, colarlo y agregarle la leche y terminar de cocinar el arroz.

Agregar entonces los condimentos, la mantequilla, el queso y luego retirar del fuego.

Agregar el huevo batido. Verter en una fuente y poner al horno hasta que se dore.

Ensaladas

Tips para la Preparación de la Ensalada

Una ensalada cuidadosamente preparada, puede dar a la mesa un aspecto muy atrayente. Es importante recordar los siguientes detalles:

- La lechuga debe estar fría y firme.

- El berro debe lavarse en agua salada y debe dejarse sólo las hojas sin ningún tallo.

- Los tomates deben tener buen color y deben pelarse.

- Del apio debe usarse sólo el corazón, los tallos blancos de afuera pueden guardarse para sopa.

- Los pepinos deben pelarse y cortarse en rodajas muy finas

- Los huevos duros deben hervirse por 10 minutos, y después sumergir en agua fría. Así se evita que las yemas se decoloren.

- Ajíes verdes o rojos son muy decorativos

- Prestar especial atención a los contrastes de colores.

Áspic de Ensalada

2 cucharadas de gelatina
2 tazas de jugo de tomate
1 cucharadas de jugo de limón
1 cucharada de rábano molido
3 cucharadas de agua fría
1 cucharada de salsa inglesa Worcestershire (ver receta)

Remojar por 1 minuto la gelatina en el agua fría, agregar el jugo de tomate, calentar hasta que se disuelva la gelatina y agregar después el resto de los ingredientes.

Poner en moldes individuales de bonita forma.

Desmoldar cuando estén fríos y servir con arvejas cocidas, sobre hojas de lechuga o berro.

Se puede agregar al áspic cualquier otra verdura tal como coliflor, arvejas, pepinos, apio, cebolla, remolacha, carne, pollo o pescado o huevos duros.

Ensalada Criolla

1 ají verde
1 pepino
3 tomates
1 cebolla

Cortar todas las verduras en rodajas finas.

Condimentar con sal, pimienta, azúcar y vinagre.

Ensalada de Dátiles con Queso de Crema

Algunos dátiles
Queso de crema
Hojas de lechuga
Rodajas de pepino y remolachas
Mayonesa
Algunas almendras picadas.

Quitar el carozo a los dátiles y rellenarlos con queso de crema.

Acomodar la lechuga en una ensaladera y poner en ellas los dátiles, rodearlos con rodajas de pepino y remolacha.

Cubrir con salsa mayonesa y espolvorear con almendras picadas.

Ensalada de Patatas

Patatas
2 huevos duros

Cocinar unas patatas con agua y sal, escurrir bien.

Agregar los huevos y condimentar con el siguiente aderezo:

½ cucharadita de sal
1/4 cucharadita de pimienta
1 cucharada de vinagre
3 cucharadas de aceite
1 cucharadita de mostaza
1 cucharada de postre de alcaparras
1 cucharada de cebolla al gusto
.

Ensalada de Patatas a la Criolla

½ kilo de patatas cortadas y hervidas
1 o 2 pimientos morrones colorados de lata o fresco, asados y pelados
12 aceitunas negras
1 huevo duro

Se mezclan todos los ingredientes.

Condimentar con sal, pimienta, aceite y vinagre.

Para pelar los morrones, se asan a la parrilla a fuego fuerte, dando vuelta cuando se van poniendo oscuros.

Ensalada de Repollo

El corazón de ½ repollo blanco firme
El corazón de 1 apio
3 zanahorias pequeñas
Unas cucharadas de mayonesa

Cortar las verduras lo más finamente posible.

Condimentar con mayonesa.

Ensalada Rusa

2 tazas de patatas
1 taza de zanahorias
1 taza de arvejas
1 taza de remolachas
Mayonesa

Cocinar la verdura por separado.

Cortar en pequeños dados y cubrir con mayonesa:

Mayonesa:

2 yemas
1 cucharadita de azúcar
½ cucharadita de mostaza

¼ cucharadita de sal
1 taza de aceite
El jugo de medio limón

Mezclar la mostaza, el azúcar y la sal; agregar las yemas y batir 5 minutos.

Agregar el aceite de a gotas al principio, después de a poco.

Cuando empieza a endurecerse agregar el limón de a gotas, alternativamente con el aceite.

Aderezos

Un Sencillo Aderezo para Ensalada

2 cucharadas de aceite
Jugo de limón o vinagre
Sal y pimienta al gusto
½ cucharadita de azúcar
Suficiente paprika para darle color rosado
¼ cucharadita de salsa inglesa Lea &Perrins (salsa Worcestershire, ver receta)

Verter los ingredientes en un recipiente y batir durante 10 minutos.

Aderezo

La yema de un huevo duro
1 cucharada de vinagre
½ cucharadita de azúcar
1 cucharada de salsa de tomate
2 cucharadas de aceite
½ cucharadita de sal
1/2 cucharadita de mostaza

Pisar bien la yema, agrega la sal, mostaza, azúcar y el aceite de a poco.

Agregar luego la salsa de tomate y, por último, agregar gradualmente el vinagre.

Aderezo Fácil para Ensalada

1 cucharada colmada de mantequilla
½ cucharadita de mostaza
½ cucharadita de sal
2 cucharaditas de azúcar
2 huevos batidos
1 tacita de café de vinagre
1 tacita de agua caliente

Mezclar todos los ingredientes y cocinar al baño María hasta que se espese, retirando rápidamente del fuego, porque se corta fácilmente.

Este aderezo dura varias semanas.

Aderezo para Ensalada

3 yemas
1 cucharadita mostaza
1 cucharadita sal
¼ cucharadita pimienta de cayena
2 cucharadas azúcar
2 cucharadas mantequilla derretida o aceite
3 claras batidas a nieve
1 taza de leche o crema
½ taza de agua caliente

Batir las yemas.

Agregar la mostaza, pimienta, azúcar, sal, aceite y el vinagre caliente.

Agregar después las claras y cocinar al baño María, hasta que tenga la consistencia de crema.

Este aderezo se conserva dos semanas, guardándolo en un sitio fresco y oscuro.

Aderezo para Ensalada – II

1 lata leche condensada
¼ litro de aceite
¼ de vinagre
1 cucharadita sal
1 cucharadita mostaza
Un poco de pimienta

Batir la leche condensada; agregar la sal, pimienta y mostaza.

Agregar el aceite lentamente y batiendo;

Por último se agrega el vinagre.

Este aderezo se puede conservar por tiempo indefinido.

Aderezo Sabroso

Las yemas de 3 huevos duros
2 cucharaditas de sal
2 cucharaditas de mostaza en polvo
3 cucharadas de aceite
¼ litro de crema
¼ litro de vinagre
½ cucharadita de pimienta de cayena

Poner los ingredientes en un recipiente y batir hasta tomar la consistencia deseada.

Aderezo Cocido para Ensalada

1 cucharada de postre de mostaza
2 cucharadas de azúcar
2 huevos bien batidos
½ taza de vinagre
200 g mantequilla

Mezclar bien la mostaza, el azúcar y los huevos.

Luego agregar el vinagre y por último la mantequilla previamente derretida.

Cocinar a fuego suave hasta que se espese, cuidando de que no hierva.

Aderezo Francés para Ensalada

1 cucharada de vinagre o jugo de limón
½ cucharadita de sal
1/8 cucharadita de pimienta o poco de cayena
3 cucharadas de aceite

Mezclar bien el vinagre con los condimentos. Agregar luego el aceite, batiendo continuamente. Servir bien frío.

La ensalada debe condimentarse en el momento en que se va a servir, de lo contrario se marchita.

Mayonesas

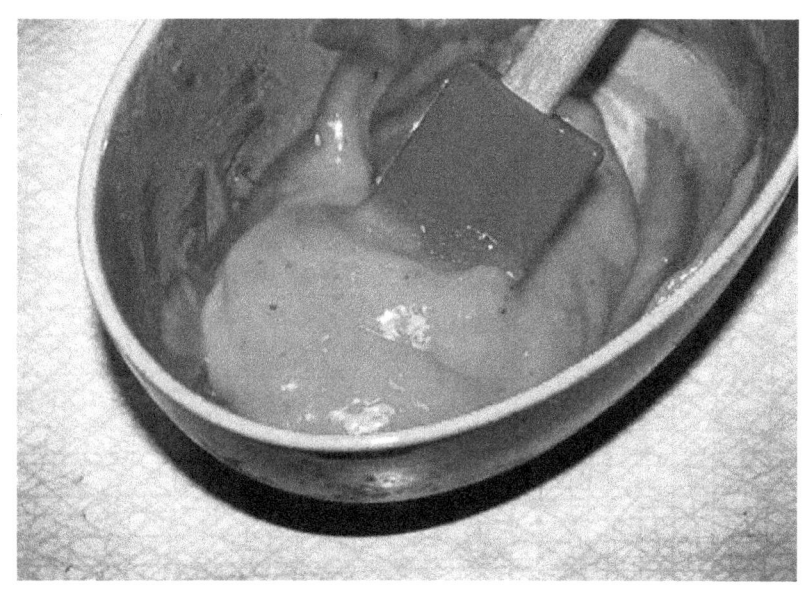

Mayonesa

1 cucharadita de mostaza
1/8 cucharadita de pimienta
1/8 cucharadita de paprika
3 yemas
4 cucharadas de jugo de limón
1½ tazas de aceite
Un poquito de pimienta de cayena

Mezclar los ingredientes secos, agregar la yema y mezclar bien.

Agregar el aceite, de a muy poquito a la vez al principio, después cuando esté unido, agregar el aceite y jugo de limón alternativamente.

Mayonesa Rápida

1 yema cruda
1 cucharadita de mostaza
7 cucharadas aproximadamente de aceite
Jugo de limón
Sal

Mezclar la yema con la mostaza. Verter el aceite y mezclar muy bien.

Agregar un poco de jugo de limón y mezclar. Verter 3 cucharadas de aceite y batir muy bien.

Agregar jugo, mezclar y después 3 cucharadas más de aceite. Agregar la sal.

Esta mayonesa se hace en 5 minutos.

Mayonesa Porteña

2 yemas
1 cucharadita de azúcar
½ cucharadita de mostaza
¼ cucharadita de sal
1 taza de aceite
El jugo de medio limón

Mezclar la mostaza, azúcar, y sal; agregar las yemas y batir 5 minutos.

Agregar el aceite de a gotas al principio, después de a poco.

Cuando empieza a endurecerse agregar el limón de a gotas, alternativamente con el aceite.

Mayonesa Sintética - para conservar

1 cucharadita mostaza
1 cucharadita sal
1 pizca de cayena
1 cuchada harina
1 cucharada azúcar molida
1 tacita vinagre
1 tacita de agua
2 huevos
1 cucharada de postre de mantequilla

Mezclar la sal, mostaza, pimienta, azúcar y harina, agregar lentamente el vinagre y agua, mezclando hasta que quede lisa.

Entonces agregar gradualmente los huevos bien batidos, revolviendo continuamente con una cuchara de madera.

Cocinar al baño maría, a fuego lento y continuar revolviendo hasta que tome la consistencia de crema. Guardar en frascos de vidrio y tapar con corchos.

Esta salsa puede diluirse al usarse, con un poco de leche, crema o jugo de limón.

Puede suprimirse la mostaza y usar pimienta blanca en vez de pimienta de cayena.

Salsas

Salsa Worcestershire

Esta salsa también es conocida como salsa inglesa.

4 cucharadas azúcar morena
6 cucharadas pasas
1 cucharada jengibre molido
1 taza de manzana picada
1 cucharadita de cayena
25 clavos de olor atados en una bolsita
1 cucharada sal
1 cucharada mostaza
1 cucharada de ajo
1 taza melaza negra
10 tazas de vinagre de malta

Hervir todo junto por 30 minutos aproximadamente.

Colar y embotellar.

Receta Básica de Salsa Blanca

2 cucharadas harina
2 cucharadas de mantequilla
2 tazas de leche
Sal y pimienta +++ gusto

Derretir la mantequilla y agregar la harina revolviendo hasta que no tenga grumos.

Retirar del fuego y agregar gradualmente la leche.

Hervir unos minutos a fuego lento y luego servir.

Salsa Tártara

1 cucharada de postre de encurtidos (puede ser de una variedad de verduras- coliflor, zapallo, pimientos - y especies – mostaza, cúrcuma. Algunos le gusta más bien dulce)
1 cucharada de postre de aceitunas picadas
1 cucharadita de alcaparras
1 cucharadita de perejil picado
Vinagre al gusto

Se mezclan todos los ingredientes juntos con una salsa de mayonesa.

Salsa de Curry

*1 1/2 taza de caldo bueno
1 cucharada de mantequilla
1 cucharada de polvo curry
1 cucharada de postre de harina
1 tomate cortado en rebanadas
1 cebolla cortada y salada*

Derretir la mantequilla en una cacerola y freír en ella la cebolla.

Agregar la harina y el polvo curry.

Cocinar suavemente y revolviendo unos pocos minutos.

Agregar el caldo y cuando esté a punto de hervir, agregar el tomate y condimentar al gusto.

Hervir lentamente por 20 minutos y colar para servir.

Salsa de Tomates - para conservar

6 k de tomates
28 g de ajo
1 k de cebollas
14 g jengibre en polvo
115 g sal
1 cucharadita de cayena
½ cucharadita clavos de olor atados en una bolsita
250 g azúcar
1 litro vinagre

Cortar las cebollas y tomates en rebanadas y hervir junto con los clavos hasta que estén blandos.

Pasar por el cedazo, agregar el resto de los ingredientes y hervir rápidamente por una hora o hasta que se espese.

Verter en un recipiente de barro y cuando esté frío, embotellar.

Salsa de Tomate II - para conservar

Poner los tomates en una cacerola al fuego y cuando estén bien pasarlos por un tamiz y pesarlos.

Por cada 1½ kilos de jugo agregar:

1 cucharadita de sal
½ litro vinagre
14 g jengibre
2 clavos de olor
Ajo molido

Hervir hasta que se espese y luego embotellar.

Salsa de Tomates III - para conservar

8 k de tomates
6 cebollas
½ k azúcar morena
3 ajíes colorados
1 litro de vinagre
110 g de mostaza
14 g clavos de olor
14 g jengibre
14 g especias mezcladas
28 g pimienta negra
110 g sal

Hervir los tomates hasta que estén cocidos. Entonces pasarlos por cedazo.

Agregar el resto de los ingredientes y hervir por 1½ horas o hasta que se espese.

Embotellar.

Pickles - Encurtidos

Pickles Picalilli

Cortar en pequeños trozos:

1 zapallo o lata de pepinitos
½ k de tomates
½ de chalotes
2 coliflores grandes
½ k de chauchas (judías verdes) o apio

Poner todo en un recipiente, espolvorear con sal y dejar descansar por 24 horas.

Hervir aparte por 5 minutos:

2 litros de vinagre
56 g de especias (en una bolsita de muselina),
250 g de azúcar morena

Mezclar con un poco de agua los siguientes ingredientes:

3 ½ cucharadas de harina
56 g de mostaza
56 g de cúrcuma en polvo.

Agregar esto al vinagre.

Hervir todo lentamente por 1 hora, revolviendo constantemente.

Pickles de Cebollitas

Cebollitas
Vinagre
Jengibre en rama
Pimienta en grano
Ají
Clavos de olor
1 cucharada grande de azúcar para cada frasco

Pelar las cebollitas, espolvorearlas con sal; dejarlas por 24 horas, después colarlas y ponerlas en frascos.

Tomando suficiente vinagre para cubrir las cebollas, hervir con especias mezcladas, el jengibre, la pimienta, el ají y los clavos.

 Dejar enfriar bien, después verter el vinagre sobre las cebollas, después las especias y por último el azúcar para cada frasco.

Cerrar los frascos bien y guardar un mes antes de consumir.

Pickles de Ciruelas

Hervir con suficiente vinagre para cubrir las ciruelas los siguientes ingredientes:

28 g pimienta en grano
2 clavos de olor
Un poco canela en polvo
Unos cuantos ajíes frescos o secos
Azúcar al gusto

Dejar enfriar y verter sobre las ciruelas.

Embotellarlas y dejarlas un tiempo antes de consumir.

Pickles de Duraznos

Duraznos (melocotones)
Clavos de olor
1 k azúcar moreno
28 g de canela en rama
½ litro vinagre

Pelar los duraznos, partirlos por la mitad, quitarles el carozo e introducir 2 clavos de olor en cada mitad.

Hervir por 20 minutos el azúcar y la canela con el vinagre.

Cocinar los duraznos de a pocos a la vez en este almíbar hasta que estén tiernos.

Embotellar.

Pickles de Duraznos a la Hudson

Duraznos (melocotones)
Vinagre
Unos clavos de olor

Elegir fruta que esté sana y apenas madura; no debe marcarse al apretar con el dedo.

Lavar y secar los duraznos, colocarlos en recipiente, cubrirlos con vinagre hirviendo y agregar unos clavos de olor.

Cerrar herméticamente el recipiente y dejar por 2 meses antes de usar.

Se conservarán por 1 año.

Cómo Conservar los Hongos

Hongos
Vinagre
Un poco de pimienta
Unos clavos de olor

Lavar los hongos, sancocharlos por 5 minutos y dejarlos escurrir.

Pasar por 1 minuto en vinagre hirviendo, escurrirlos bien.

Ponerlos en un frasco con un poco de pimienta en grano y unos clavos de olor.

Cubrir con aceite de oliva y cerrar firmemente.

Pickles Surtidos con Mostaza

12 pepinos
12 tomates verdes
16 cebollitas blancas
1 coliflor grande
3 pimientos verdes

Cubrir con salmuera preparada con 3 litros de agua hirviendo y 3 tacitas de sal. Déjese reposar 12 horas.

Calentar la mezcla sin hervir, escurrir y mezclar con la salsa siguiente, mezclando los ingredientes:

1 taza de harina
4 cucharadas bien llenas de mostaza
1 cucharada de cúrcuma
Suficiente vinagre como para hacer una pasta.

Hervir 2 litros de vinagre y 1 tacita de azúcar.

Mezclar con la pasta hasta que la mezcla se espese.

Pickles de Nueces

Recoger las nueces cuando todavía están verdes. Deben estar lo suficiente blandas para poder pincharlas fácilmente con una aguja.

Pinchar bien las nueces, ponerlas en una cacerola de barro cocido y cubrirlas con salmuera.

La salmuera se prepara, hirviendo 115 g de sal con suficiente agua para cubrir bien.

Mover las nueces 2 o 3 veces por día, durante 6 días. Colarlas entonces y cubrirlas con salmuera fresca y dejarlas otros 3 días.

Colarlas después y ponerlas al sol hasta que estén completamente negras. Ponerlas en frascos y cubrirlas. Hervir la cantidad necesaria para cubrir las nueces con la siguiente preparación:

28 g de pimienta en grano
28 g de especias mezcladas, molidas por cada litro de vinagre
Sal

Hervir durante 15 minutos.

Cuando se haya enfriado, verter sobre las nueces y cerrar los frascos muy bien.

Si se guarda en un lugar seco y fresco, dura muchos meses.

Pickles de Repollo Blanco

1 repollo mediano blanco y firme
6 cebollas grandes
¾ litro de vinagre
2 tacitas de azúcar
1 cucharada de postre de cúrcuma
2 cucharadas de mostaza
1 cucharada de polvo curry
28 g de harina mezclada con ½ litro de vinagre y hervida lentamente 20 minutos

Lavar el repollo, cortarlo muy fino junto con la cebolla, espolvorearlo con sal y dejarlo hasta el día siguiente.

Hervir entonces lentamente por 20 minutos con ¾ litro de vinagre.

Mezclar después el azúcar, cúrcuma, polvos curry y mostaza con el vinagre y la harina.

Verter estos ingredientes sobre el repollo y cocinar muy lentamente 20 minutos más.

Después hacer hervir un momentito y embotellar.

Pickles de Repollo Colorado

1 repollo colorado, bien firme
1 puñado sal gruesa
56 g pimienta en grano
28 g jengibre en rama
2 cucharadas rábano rallado
1 hoja de laurel
1 cebolla
1 litro vinagre de malta
½ cucharadita de cayena

Sacar las hojas de afuera del repollo y cortar el centro en 4 trozos. Cortar el tronco y las partes duras y cortar bien finas las hijas.

Extenderlas en una fuente grande y espolvorearlas con la sal, cubrirlas con otra fuente y dejarlas así 24 horas.

Poner después el repollo en el colador, lavarlo con agua fría y dejarlo escurrir bien.

Hervir el vinagre con el jengibre machacado y el resto de los ingredientes por 10 minutos y dejarlo enfriar.

Poner el repollo en frascos, apretándolo un poco, cubrirlo con el vinagre colado y tapar los frascos.

Pickles de Tomates Verdes y Cebollas

1½ k tomates verdes
1 k cebollas
½ litro vinagre
2 cucharadas mostaza en polvo
1 cucharada polvo curry
1 cucharadita pimienta
1 cucharadita clavos de olor
½ taza de miel de caña (Golden Syrup)

Pelar y cortar los tomates y cebollas, espolvorearlos con sal, dejarlos toda la noche y al día siguiente colarlos.

Mezclar todos los ingredientes secos en una cacerola.

Agregar la miel y el vinagre, y cuando hierva echar los tomates y cebollas y cocinar y hasta que la cebolla esté tierna.

Embotellar.

Pickles de Tomates Verdes

6 k tomates verdes
6 cebollas grandes
1 cucharada de postre de cayena o 7 g si agrada muy picante
2 litros de vinagre
Un poco más de ¼ litro de melaza oscura
2 cucharas mostaza
1 cucharadita especias molidas
1 cucharadita clavos de olor

Cortar los tomates y cebollas en rebanadas, espolvorearlos con sal y dejar hasta la mañana siguiente; entonces colar.

Cuando el resto de los ingredientes empiezan a hervir, echar los tomates y cebollas. Hervir por 1 hora revolviendo constantemente.

Poner en frescos y cerrarlos muy bien cuando está todavía caliente.

Pickles de Zapallo

2 zapallos maduros
2 litros de vinagre
14 g jengibre molido
28 g cúrcuma molida
250 g azúcar refinada
½ k de cebollas cortadas
Pimienta de cayena

Pelar el zapallo y cortarlo en trozos cortos y gruesos, espolvorearlo con sal y dejarlo así por 12 horas para que se escurra.

Después hervir por media hora en el vinagre todos los ingredientes (menos la cúrcuma y jengibre).

Agregar estos últimos ingredientes machacados con un poco de vinagre frío, a los otros, cuando aún están hirviendo.

Embotellar cuando esté frío

Chutneys – Conservas Agridulce

Chutney de Damasco

¾ k de damascos (albaricoques)
½ litro de vinagre
1 cucharadita de sal
½ k de cebollas
285 g pasas sultanas
4 cucharaditas jengibre molido

Secar los damascos, quitarles el carozo y cortarlos en pedazos grandes.

Limpiar y lavar las sultanas y pasarlas por la máquina de picar junto con las cebollas.

Poner los ingredientes ya preparados en una cacerola con la sal, jengibre y azúcar, agregar el vinagre y calentar a fuego suave hasta que el azúcar se disuelva.

Hervir lentamente por 45 minutos aproximadamente, hasta que esté espeso.

Se obtiene más o menos 2 kilos de chutney.

Chutney de Durazno

4 k de duraznos (melocotones)
2 k de cebollas
3 cabezas de ajo
1 k de azúcar morena
1½ litros de vinagre
2 cucharaditas pimienta
2 cucharaditas sal
2 cucharaditas polvo curry
2 cucharaditas de jengibre
2 cucharaditas de especias mezcladas
2 cucharadas de mostaza

Hervir todos los ingredientes juntos hasta que se espese bien y tome color oscuro.

Poner en frascos y tapar.

Chutney de Manzana

10 manzanas grandes
5 cebollas en rebanadas
3 tacitas pasas sin semillas
1 k azúcar negra
1½ botellas vinagre
1 cucharada mostaza
1 cucharada pimienta negra
1 cucharada de sal
1 cucharadita de cayena

Mezclar todos los ingredientes y hervir bien.

Embotellar y cerrar herméticamente.

Chutney Tipo Mango

450 g azúcar morena
225 g de sal
115 g de ajo
115 g de cebolla
225 g de jengibre molida
55 g de ají molido
115 g semilla de mostaza
225 g pasas sin semillas
1 litro de vinagre
30 manzanas ácidas grandes
Unos orejones de duraznos

Pelar las manzanas, quitarles la parte dura del centro, cortar en rebanadas y cocinar hasta que esté hecho pulpa.

Agregar el vinagre y hacer hervir.

Machacar en un mortero el ajo, cebolla y jengibre, lavar las semillas de mostaza en vinagre frío y dejar secar al sol.

Agregar todos estos ingredientes, junto con la sal, pasas y azúcar a las manzanas que estarán hirviendo y continuar cocinado hasta que esté bastante espeso, revolviendo todo el tiempo.

Agregar los orejones de durazno cortados en rebanadas finas y el ají.

Embotellar y tapar enseguida y guardar por 3 meses en un sitio oscuro, antes de consumir.

Chutney de Tomates Verdes

1¼ k tomates verdes
1¼ k manzanas, o duraznos o bananas
½ k azúcar
1 cucharada llena de jengibre molido
250 g cebollas
1 cucharada llene de pimienta en grano
½ litro de vinagre
500 g pasas de uva

Cortar en trozos los tomates, la fruta, las cebollas y las pasas.

Mezclar con el resto de los ingredientes y hervir lentamente de 1½ a 1¾ horas.

Se obtienen unos 3 kilos de chutney.

Chutney de Tomates Maduros

2 k tomates
½ botella de vinagre
3 cucharadas de sultanas
1 taza de azúcar morena
2 cucharadas de jengibre
Ajo y pimienta cayena al gusto

Hervir los tomates sin agregarles agua por 2 horas.

Colarlos y agregar el resto de los ingredientes.

Hervir por 30 minutos.

Chutney de Tomates y Ajíes Verdes

24 ajíes verdes
¾ k de tomates maduros
4 morrones
3 cebollas grandes
½ taza de sal
3 ½ tazas de vinagre
½ k de azúcar
1 cucharadita mostaza
1 taza de pasas
Cayena al gusto

Cortar finamente los tomates, ajíes y cebollas, espolvorearlos con sal y dejarlos hasta la mañana siguiente.

Entonces colar bien y agregar el resto de los ingredientes.

Hervir lentamente por 1½ horas más o menos.

Poner en frascos calientes y cerrar bien.

Chutney de Tomate y Repollo

10 tomates medianos
1 repollo grande o 1½ medianos
4 cebollas grandes
3 morrones frescos o secos
3 tazas de azúcar
1/8 tacita semillas de apio
1/8 tacita de sal
½ tacita de semillas de mostaza
4 tacitas de vinagre

Cortar finos los tomates, repollo y cebollas.

Mezclar con el resto de los ingredientes y hervir por 30 minutos.

Sándwiches

El Arte de Preparar Sándwiches

Se puede usar los sándwiches para poner la nota artística en la mesa. Se puede obtener vistosos efectos de color además de cortarlos dándoles una bonita forma.

A todos nos llama la atención algo nuevo y si queremos ser novedosos al presentar los sándwiches, en realidad lo que esto verdaderamente significa es: presentarlos de una manera diferente, mezclar los ingredientes de modo que queden más sabrosos, cortándolos para darle una forma original y combinar diferentes clases de pan: blanco, negro, de miel y de nuez.

Sugerimos a continuación algunas ideas para la preparación de sándwiches.

Mantequilla de Anchoas

4 cucharadas mantequilla
6 anchoas grandes
Pimienta al gusto

Remojar las anchoas y quitarle las espinas.

Pisar bien las anchoas y mezclar con la mantequilla hasta formar una pasta.

Sándwiches de Apio

Picar el apio muy finamente.

Agregar un poco de crema, sal y pimienta.

Un Relleno Sabroso

1 huevo ligeramente batido
1 cucharada de postre salsa de tomate
100 g mantequilla
Sal y pimienta de cayena

Espesar al baño María revolviendo todo el tiempo.

Usar frío.

En esta proporción se puede hacer la cantidad que se desee.

Relleno novedoso de queso

Cortar el queso finamente y espolvorear por encima con bastante chocolate rallado.

Relleno para Sándwich

¾ taza de azúcar
3 cucharaditas de mostaza
1 cucharadita de sal
1 taza vinagre
½ taza de mantequilla derretida
¼ taza de crema o leche
2 ajíes verdes pequeños, picado fino
1 lata de pimientos morrones, picados fino
3 huevos bien batidos
115 g de queso rallado

Mezclar el queso con la mantequilla.

Agregar el resto de los ingredientes y cocinar al baño María hasta que se desprenda de la cuchara, más o menos 20 minutos.

Sándwiches de Huevo

4 huevos
4 cucharadas de mantequilla
Tomate o lechuga picada
Mostaza líquida
Pickles picalilli al gusto (ver receta)

Para niños: Hervir hasta que estén duros los huevos; pelarlos cuando estén aún calientes y dejarlos enfriar. Separar las yemas y pisarlas, agregar un poco de sal y mezclar con la mantequilla. Agregar las claras picadas. Puede agregarse tomate o lechuga picada.

Para adultos: Emplear el mismo procedimiento con los huevos, pero en vez de agregar tomate o lechuga picada puede agregar al gusto pickles Picalilli, finamente picados, con un poco de mostaza líquida.

Sándwiches de Tomate

Tomates
Menta picada
Gelatina derretida
Sal y pimienta

Cortar los tomates en rebanadas.

Espolvorear con sal, pimienta y un poquito de menta picada.

Cubrir con una capa delgada de gelatina derretida y dejar que se espese.

Es preferible usar pan negro.

Mantequilla Verde para Sándwiches

4 cucharadas mantequilla
1 cucharada perejil picado
1 cucharada jugo de limón
Pasta o esencia de anchoas
Sal y pimienta

Batir la mantequilla hasta que esté como crema.

Agregar perejil, jugo de limón, esencia, sal y pimienta.

Sándwiches Calientes

Cortar 10 rebanadas de pan negro y 10 rebanadas de pan blanco y esparcir el pan negro con la siguiente pasta:

2 cucharadas extracto de carne (Bovril)
2 huevos duros
Unas gotas de salsa inglesa Worcestershire (ver receta)
10 aceitunas picadas

Pisar bien y mezclar.

Poner el pan blanco con mantequilla y queso rallado encima y tostar en horno.

Se sirve caliente.

Sándwiches Calientes – II

1. Hacer un hueco en el centro de una rebanada de pan, más bien gruesa, y rellenar por la mitad con mermelada.

Hacer una pasta con queso rallado y crema; con esto, terminar de llenar el hueco y cubrir el pan. Dorar en el horno.

2. Hacer un hueco en una rebanada de pan más bien gruesa, colocar allí una rebanada de banana, cubrir ligeramente con mermelada y cubrir con una pasta hecha de queso parmesano o cheddar rallado y crema. Tostar al horno.

Sándwich con Pasta de Sardinas

Se puede utilizar sardinas tanto como camarones o langosta.

Se hace pisando el pescado hasta que quede suave, y agregándole mantequilla para formar una pasta.

También puede adornar con huevo duro o con lechuga picada.

Sándwich Sorpresa

1 pan negro
1 pan lactal (pan de molde)

Untar el pan blanco con los siguientes ingredientes, bien mezclados:

Queso de crema rallado
Yemas de huevos duros
Salsa de tomate
Mantequilla

Untar el pan negro con los siguientes ingredientes bien mezclados:

Queso rallado
Mantequilla
Clara de huevo duro
Aceitunas verdes bien picadas.

Mezclar todo con un poquito de salsa inglesa Worcestershire (ver receta)

Colocar las rebanadas de pan negro, alternativamente con las de pan blanco.

Darle forma alargada y cubrirlo con mantequilla batida como si fuera una torta.

Decorar con trocitos de ají verde y colorado.

Para servir cortar hacia abajo.

Otras Variedades de Sándwiches

1. Mezclar:

½ taza de pasta de maní o maníes molidos recién tostados
1 pepino cortado en rebanadas
Rebanadas de pan negro y pan blanco, bien untadas con mantequilla

Pueden cortarse de la forma que se desea, imitando masitas, poniendo el pan negro del lado de arriba.

2. Pisar un huevo duro con un poquito de polvo curry, una cucharada de mantequilla y el corazón de un apio finamente picado. Usar pan blanco frito.

3. Picar unas sardinas o anchoas y huevo duro, agregar jugo de limón y pimienta.

4. Picar un poco de jamón. Agregar unos pepinillos finamente picados. Mezclar con mayonesa.

Aperitivos

Para Hacer un Aperitivo

Es muy fácil hacer un aperitivo tentador si se recuerda que no solamente se necesita un bocado sabroso sino que también su presentación es de la misma importancia.

Para poder improvisar a último momento unos buenos bocadillos es necesario tener una despensa bien provista.

Las conservas más populares son las siguientes:

Filetes de anchoas, champiñones, ostras, sardinas, atún, camarones y langostinos, aceitunas, dátiles y bizcochos salados.

Para decorar se puede usar:

Almendras saladas, pepinillos, aceitunas, pimientos, y cebolletas o perejil picado.

Frivolidades - algunas ideas

- Cortar trozos de apio del tamaño de un dedo y poner en cada uno una anchoa.

- Las cebollitas en vinagre quedan más sabrosas si se hierven por 10 minutos con un poco más de vinagre y 3 cucharadas de azúcar.

- Unas gotitas de salsa inglesa Worcester o Worcestershire (ver receta) dan mejor sabor a las aceitunas

- Cortar pepino en rebanadas, condiméntalo con sal, pimienta, aceite y vinagre y servir sobre redondeles de pan engrasado del mismo tamaño que el pepino.

Almendras Saladas

Almendras
Mantequilla
Sal

Sacar a las almendras el hollejo, poniéndolas un momentito en agua hirviendo y después secarlas.

Derretir un poco de mantequilla en una cacerolita, y dorar ligeramente las almendras, dándolas vuelta continuamente.

Escurrir sobre un papel y espolvorear con sal.

Apio a la Americana

12 troncos de apio blanco ahuecados
4 cucharadas de queso picado
2 cucharadas de salsa mayonesa

Mezclar la salsa con el queso y rellenar los troncos de apio.

Decorar con nueces, pickles o aceitunas.

Bizcochos para Cocktail

200 g mantequilla
3 tazas de harina
2 cucharadas queso rallado
2 cucharadas pan rallado
1 cucharada mostaza
1 cucharadita sal
1 cucharadita pimienta blanca
1 cucharadita pimienta roja

Amasar todo junto.

Cortar en círculos pequeñas y hornear a temperatura suave.

Bombas de Crema de Anchoa

Para hacer la masa ligera:

½ taza mantequilla
2 tazas de harina
5 huevos
1 taza de agua

Poner en una cacerola el agua y la mantequilla y dejar hervir.

Agregar la harina batiendo ligeramente con una cuchara de madera. Seguir cocinando a fuego muy lento durante unos minutos.

Retirar del fuego y agregar los huevos uno por uno. Seguir batiendo hasta que la preparación quede bien lisa.

Dejar descansar un momento.

Poner la masa por cucharadas en chapas engrasadas y enharinadas, cocinándolas por 20 minutos en horno regular.

Relleno:

1 cucharadita de pasta de anchoas
½ cucharadita cebolla picada
2 gotas jugo de limón
4 cucharadas de mantequilla
Pimienta al gusto

Batir la mantequilla hasta que se ablande.

Agregar la pasta de anchoas, limón, cebolla y pimienta y mezclar bien.

Abrir las bombas a un costado y rellenarlas con la crema de anchoas.

Palitos de Queso y Apio

2 cucharadas mantequilla
4 cucharadas queso rallado
½ taza de pan rallado
½ taza harina
2 cucharadas de apio (corazón) finamente picados
Sal y pimienta cayena

Unir la mantequilla y harina ligeramente con las manos.

Agregar el pan, queso, sal, pimienta y el apio.

Formar una masa tiesa.

Estirar en forma de palitos y cocinar en horno moderado hasta que estén crocantes, de 10 a 15 minutos.

Palitos de Queso

1 taza mantequilla
1 taza queso picado
1 taza harina
Sal y pimienta al gusto
Una pizca de cayena (opcional)

Unir bien.

Cortar en forma de palitos y cocinar en horno caliente de 10 a 15 minutos.

Palitos de Queso y Sémola

*½ litro de leche
1 cucharada mantequilla
2 cucharadas sémola
2 cucharadas queso*

Hervir la leche con la sémola y mantequilla hasta que se espese.

Agregar el queso y dejar enfriar.

Cortar en palitos, y pasar por huevo y pan rallado.

Freír o dorar al horno.

Huevos Rellenos

3 huevos
6 anchoas o 1 cucharada de pasta de anchoas

Poner a hervir los huevos.

Una vez duros dejarlos enfriar en agua fría, partirlos por la mitad, sacarles las yemas y con ellas preparar una pasta juntamente con las anchoas.

Luego rellenar los huevos.

Variedades:

Hay una gran variedad de alimentos que se puede utilizar para rellenar los huevos, también usando mayonesa como por ejemplo arroz, pimientos morrones, atún.

Servir con una ramita de perejil.

Canapés de Salmón

Pan lactal (pan de molde)
Mantequilla
1 latita de salmón
1 cucharadita salsa inglesa Worcester (ver receta)
1 cucharadita de vinagre
Unas rebanadas de pepino
Algunas aceitunas descarozadas

Quitar la costra a un pan lactal, cortarlo en rebanadas triangulares y untarlas con mantequilla salada.

Ablandar con un tenedor 30 g de mantequilla y mezclarla el salmón, la salsa inglesa y el vinagre.

Extender esta preparación sobre las rebanadas de pan con mantequilla y adornar el centro de cada canapé con una rebanada

Estimado Lector

Nos interesa mucho tus comentarios y opiniones sobre esta obra. Por favor ayúdanos comentando sobre este libro. Puedes hacerlo dejando una reseña en la tienda donde lo has adquirido.

Puedes también escribirnos por correo electrónico a la siguiente dirección *info@editorialimagen.com*

Si deseas más libros como éste puedes visitar el sitio de **Editorialimagen.com** para ver los nuevos títulos disponibles y aprovechar los descuentos y precios especiales que publicamos cada semana.

Allí mismo puedes contactarnos directamente si tienes dudas, preguntas o cualquier sugerencia. ¡Esperamos saber de ti!

Más Libros de Interés

Cómo Adelgazar Comiendo

Se dan varias estrategias que te ayudarán a deshacerte de esos kilos de más, para siempre – ¡sin pasar ni un solo día de hambre!
• La verdadera razón por la cual las dietas no funcionan para ti y los muchos mitos sobre la pérdida de peso.
• Aprende cómo puedes mantener tu peso ideal fácilmente, mantenerte en forma y saludable por largo tiempo.
• Conoce las mejores recetas para bajar de peso.
• Y mucho más.

Dieta Paleo - Descubre cómo bajar de peso, alcanzar salud y bienestar óptimo para siempre

Editorial Imagen se complace en presentar este libro sobre la tan famosa y renombrada Dieta Paleolítica. El mismo no pretende ser otro libro más que presente la teoría de la dieta, sino al contrario, pretende ayudar al lector a experimentar por sí mismo los grandes beneficios de la misma.

La Ley Dietética - La clave de Dios para la salud y la felicidad

Es hora de que rompamos la miserable barrera nutricional y empecemos a disfrutar de la buena salud y el bienestar que Dios quiere que tengamos. Al leer este libro descubrirás los fundamentos para edificar un cuerpo fuerte y sano que dure mucho tiempo, para que disfrutes la vida y para que sirvas al Señor y a su pueblo por muchos años.

Recetas Mexicanas Tradicionales - Descubre las mejores recetas de cocina mexicana

En este libro encontrarás deliciosas recetas mexicanas de: carnes, pescados y mariscos, arroz, sopas, verduras, salsas, entradas, tortillas, ensaladas, postres, y dulces bebidas

Recetario de Tortas con sabor inglés

Si buscabas recetas de cocina británica este libro es para ti. El mismo contiene una selección de recetas de tortas con sabor inglés. Este recetario incluye 80 recetas para toda ocasión, las cuales van desde lo más sencillo hasta lo más especial, como por ejemplo, una boda.

Cupcakes, Galletas y Dulces Caseros: Las mejores recetas inglesas para toda ocasión

En este libro de recetas te ofrezco cerca de 100 de las más populares recetas inglesas con las cuales podrás sorprender a tu familia o tus invitados, ofreciendo un detalle sabroso que seguro apreciarán.

Recetas de Pescado y Salsas con sabor inglés

Recetas populares y a la vez muy fáciles, de la cocina británica. El recetario presenta diferentes maneras de cocinar el pescado, como así también tartas de pescado y salsas para acompañar el pescado.

Recetas de Sopas con sabor inglés

La sopa es un plato saturado de proteínas y nutrientes, es muy fácil de elaborar y además, apetece a cualquier hora del día. En la dieta inglesa la sopa es muy importante. Este recetario ofrece una variedad de recetas populares y deliciosas de la cocina británica.

www.ingramcontent.com/pod-product-compliance
Lightning Source LLC
LaVergne TN
LVHW021719060526
838200LV00050B/2749